1. Lesestufe

Rüdiger Bertram

Der hundsgemeine Bücherklau
Ein Abenteuer mit dem Leseraben

Mit Bildern von Heribert Schulmeyer

Ravensburger Buchverlag

Bibliografische Information Der Deutschen Bibliothek:

Die Deutsche Bibliothek verzeichnet diese Publikation
in der Deutschen Nationalbibliografie.
Detaillierte bibliografische Daten sind im Internet
über **http://dnb.ddb.de** abrufbar.

1 2 3   08 07 06

Ravensburger Leserabe
© 2006 Ravensburger Buchverlag Otto Maier GmbH
Umschlagbild: Heribert Schulmeyer
Umschlagkonzeption: Sabine Reddig
Redaktion: Marion Diwyak
Printed in Germany
ISBN 3-473-36162-3

www.ravensburger.de
www.leserabe.de

Inhalt

	Der Bücherraub	4
	Die Suche	10
	Der Plan	16
	Der Köder	22
	Der Schrottplatz	30
	Leserätsel	41

Der Bücherraub

Der Leserabe hockt
unter der Bettdecke.
Er liest heimlich.
Mit seiner Taschenlampe.

Eigentlich sollte er längst schlafen.
Aber dazu hat er keine Lust.
Sein Buch ist viel zu gut.

Plötzlich flackert das Licht.
Die Batterien sind leer.

„Mist", schimpft der Rabe.
„Gerade jetzt, als es spannend wird!"

Er legt das Buch zur Seite
und kuschelt sich in die Decke.

„Gleich morgen Früh lese ich weiter,
noch vor dem Frühstück", seufzt er
und schläft auf der Stelle ein.

Er schläft so tief,
dass er das seltsame Surren
nicht hört.

Ein Surren,
wie von einer riesigen Mücke.

Es ist der dicke Räuber
in seinem Flieger.
Er fliegt genau auf den Balkon zu.

Leise schnappt er sich das Buch
und verschwindet wieder.
So unbemerkt, wie er gekommen ist.

Die Suche

Als der Leserabe aufwacht,
will er sofort weiterlesen.
Aber sein Buch ist weg.

„Verflixt", schimpft der Rabe.
„Wo kann es bloß sein?"

Der Rabe sucht den ganzen Balkon ab.
Keine Spur von seinem Buch.

„Habe ich es gestern
etwa selbst weggeräumt?",
fragt sich der Rabe.
Unsinn! Er hat ja noch nie aufgeräumt.

„Aber wie erfahre ich denn nun,
wie meine Geschichte ausgeht?",
ärgert er sich.

Der Leserabe geht ins Haus.
Er will Marie fragen.
Vielleicht weiß sie, wo sein Buch ist.

Marie sitzt in ihrem Zimmer.
Sie ist traurig.
„Mein Lieblings-Buch ist weg.
Gestern Abend war es noch da.
Jetzt ist es fort", erzählt sie.

„Dann ist alles klar!", sagt der Rabe.
„Meines ist auch weg.
Irgendwer hat unsere Bücher geklaut!"
Aber wer?

„Na warte, wenn ich den Kerl kriege!
Dem werde ich was husten!",
schimpft der Rabe.

Gemeinsam gehen sie in Kais Zimmer.
Ob Maries Bruder mehr weiß?

Der Plan

Kai liegt auf seinem Bett und liest.
Das stimmt nicht ganz.
Er schaut sich nur die Bilder an.
Er kann nämlich noch nicht lesen.

Marie und der Rabe sind erleichtert.
Wenigstens Kais Buch ist noch da.

Er hat es in der Nacht versteckt.
Unter seinem Kopfkissen.
Er glaubt, dass man so lesen lernt.
Er ist eben noch klein.

„Da hat sich der Räuber
nicht rangetraut", sagt der Rabe.
„Welcher Räuber?", fragt Kai.

„Na, der unverschämte Kerl,
der unsere Bücher gestohlen hat",
antwortet Marie.

Der Rabe hat eine prima Idee.
Er will Kais Buch in der Nacht
als Köder auf den Balkon legen.

„Aber dann klaut es der Räuber doch",
bemerkt Kai ängstlich.

„Wer einen Räuber fangen will,
darf kein Angsthase sein",
sagt der Rabe.
„Genau", nickt Marie.

Der Köder

Kais Buch leuchtet im Mondschein.
Es liegt auf dem Geländer des Balkons.
Dort, wo es jeder sehen kann.

Die drei lassen es nicht aus den Augen,
obwohl sie furchtbar müde sind.
Um nicht einzuschlafen,
erzählen sie sich von ihren Büchern.

In Maries Buch geht es um wilde Tiere und gefährliche Abenteuer.

Wovon sein Buch handelt,
weiß Kai nicht so genau.
Er kann ja nicht lesen.

„Mein Buch erzählt vom klügsten Tier, das es gibt …", beginnt der Leserabe. Weiter kommt er nicht.

Plötzlich hören sie ein Surren.
Ein Surren,
wie von einer riesigen Mücke.

Der dicke Räuber segelt heran.
Er greift sich das Buch
und fliegt davon.

„Ihm nach!", schreit der Rabe aufgeregt.
„Wie denn? Du bist doch der Einzige,
der von uns fliegen kann", ruft Marie.

Das hat der Rabe ganz vergessen.
Schnell flattert er hinterher.

„Hoffentlich kriegt er ihn.
Sonst ist mein Buch auch weg",
seufzt Kai.

„Keine Angst! Er schafft das schon",
antwortet Marie.
Aber ganz sicher ist sie sich nicht.

Der Schrottplatz

Der Räuber fliegt über die Stadt.
Dann landet er auf einem Schrottplatz.

Zwischen rostigen Maschinen
steht ein Regal.
Es ist voller Bücher.

Dahinter versteckt sich der Rabe.
Er sieht, wie der dicke Räuber
eine Seite aus Kais Buch reißt.

Aus dem Blatt faltet er einen Flieger
und wirft ihn in die Luft.
Er landet in einer Pfütze.

„Daraus wird niemand mehr vorlesen",
lacht der Räuber laut.

„So ein gemeiner Schuft!",
grummelt der Rabe in seinem Versteck.

Das hat der Räuber gehört.
„Wer ist da?", ruft er böse.
„Dich verputz ich zum Frühstück!"

„Du weißt ja nicht mal,
wie man Frühstück schreibt",
antwortet der Rabe frech.

Die Wörter treffen den Räuber
mitten ins Herz.
Schlimmer als das schärfste Schwert.
Er fängt an zu heulen
wie ein Schlosshund.

Als er sich endlich beruhigt,
erzählt er dem Raben alles.
Er ist neidisch auf die Menschen,
die lesen können.
Er kann es nämlich nicht.
Deswegen klaut er ihre Bücher.

Aber was nützen sie ihm,
wenn er nicht lesen kann?
Gar nichts!

Der Räuber tut dem Raben Leid.
„Bringst du die Bücher zurück,
wenn ich dir daraus vorlese?",
fragt er.

„Das würdest du tun?",
ruft der Räuber
und macht vor Freude
einen Salto.

Der Rabe geht zum Regal
und sucht sein Buch heraus.
„Hör gut zu", sagt er zum Räuber.
Dann beginnt er zu lesen:

„Der Leserabe hockt
unter der Bettdecke.
Er liest heimlich.
Mit seiner Taschenlampe ..."

Rüdiger Bertram ist freier Autor und Journalist. Er ist für das Branchenblatt der Filmstiftung NRW verantwortlich, verfasst Drehbücher für verschiedene Fernsehproduktionen und veröffentlicht seit kurzem auch Kinderbücher. Zusammen mit Heribert Schulmeyer schrieb er dem Leseraben sein erstes eigenes Abenteuer auf den Leib.

Heribert Schulmeyer, der „Papa" des Leseraben, studierte Illustration und Grafikdesign an der Kölner Werkschule und ist seit 1981 als freier Illustrator tätig. Für das Erstleseprogramm des Ravensburger Buchverlags entwickelte er 2004 die Figur des frechen Raben. Nun ist sein Schützling erwachsen geworden: Der Leserabe erlebt sein erstes eigenes Abenteuer!

Leserätsel

mit dem Leseraben

Super, du hast das ganze Buch geschafft!
Hast du die Geschichte ganz genau gelesen?
Der Leserabe hat sich ein paar spannende
Rätsel für echte Lese-Detektive ausgedacht.
Mal sehen, ob du die Fragen beantworten kannst.
Wenn nicht, lies einfach noch mal
auf den Seiten nach. Wenn du die richtigen
Antwortbuchstaben in die Kästchen auf Seite 42
eingesetzt hast, bekommst du das Lösungswort.

Fragen zur Geschichte

1. Wer schnappt sich eines Nachts das Buch des Leseraben? (Seite 9)
    A: Eine riesige Mücke.
    B: Ein dicker Räuber in einem Flieger.

2. Warum ist Marie traurig? (Seite 13)

   U : Weil ihr Lieblings-Buch verschwunden ist.

   H : Weil sie nicht richtig lesen kann.

3. Wie wollen Marie, Kai und der Leserabe den Räuber fangen? (Seite 22)

   C : Sie legen Kais Buch als Köder auf den Balkon.

   B : Sie fragen einen Detektiv um Rat.

4. Was macht der Leserabe, als der Räuber Kais Buch stiehlt? (Seite 28)

   R : Er versteckt sich unter dem Tisch.

   H : Er flattert dem Räuber hinterher.

5. Wo landet der Räuber? (Seite 30)

   L : Er landet in einer Pfütze.

   A : Er landet auf einem Schrottplatz.

Lösungswort:

1	2	3	4	S	T	B	E
						5	

Super, alles richtig gemacht! Jetzt wird es Zeit für die RABENPOST.
Schicke dem LESERABEN einfach eine Karte mit dem richtigen Lösungswort. Oder schreib eine E-Mail. Wir verlosen jeden Monat 10 Buchpakete unter den Einsendern!

An den LESERABEN
RABENPOST
Postfach 20 07
88 190 Ravensburg
Deutschland

leserabe@ravensburger.de
Besuch mich doch auf meiner Webseite:
www.leserabe.de

1. Lesestufe für Leseanfänger ab der 1. Klasse

ISBN 3-473-36038-4

ISBN 3-473-36036-8

ISBN 3-473-36014-7

ISBN 3-473-36037-6

2. Lesestufe für Erstleser ab der 2. Klasse

ISBN 3-473-36043-0

ISBN 3-473-36041-4

ISBN 3-473-36039-2

ISBN 3-473-36021-X

3. Lesestufe für Leseprofis ab der 3. Klasse

ISBN 3-473-36054-6

ISBN 3-473-36051-1

ISBN 3-473-36024-4

ISBN 3-473-36052-X

Gute Idee.